M. LAFFITTE

ET

L'EXÉCUTION TESTAMENTAIRE

D'AUGUSTE COMTE

PAR

M. Le Dr George AUDIFFRENT

LE DERNIER DES EXÉCUTEURS TESTAMENTAIRES D'AUGUSTE COMTE
DÉSIGNÉ PAR LUI-MÊME

PARIS
LIBRAIRIE ÉMILE BLANCHARD
10, RUE DE LA SORBONNE, 10

1903

M. LAFFITTE

ET

L'EXÉCUTION TESTAMENTAIRE

D'AUGUSTE COMTE

M. LAFFITTE

ET

L'EXÉCUTION TESTAMENTAIRE

D'AUGUSTE COMTE

PAR

M. Le Dr George AUDIFFRENT

LE DERNIER DES EXÉCUTEURS TESTAMENTAIRES D'AUGUSTE COMTE
DÉSIGNÉ PAR LUI-MÊME

PARIS
LIBRAIRIE ÉMILE BLANCHARD
10, RUE DE LA SORBONNE, 10

1903

M. LAFFITTE

ET

L'EXÉCUTION TESTAMENTAIRE D'AUGUSTE COMTE

M. Laffitte, le plus ancien disciple d'Auguste Comte, le président de ses exécuteurs testamentaires, est décédé le dimanche 4 janvier courant, en son domicile de la rue d'Assas. Le dimanche suivant ont eu lieu ses obsèques. On remarquait dans le convoi, un ministre de la guerre, un délégué du président du conseil des ministres, des personnages appartenant à de grandes administrations, civils et militaires, de nombreux adhérents, à un titre quelconque, à la grande doctrine dont il s'était fait le propagateur.

Ceux des premiers disciples d'Auguste Comte qui ont assisté aux funérailles de leur maître, en existe-t-il encore? ont dû se rappeler en cette occasion, combien elles furent modestes. Ce fut par un petit nombre de disciples profondément attristés que fut porté en terre le grand novateur.

De tous les publicistes connus alors, un seul assistait au convoi et le suivit jusqu'au Père-Lachaise, ce fut M. Proudhon. Quel contraste doit s'établir dans la pensée de chacun de ce rapprochement! La grande doctrine s'est sans doute étendue, et comme le disait un écrivain bien connu, parmi ceux qui ont pris la parole sur le cercueil si entouré :

« le Positivisme est entré dès aujourd'hui dans la conscience universelle, et l'on ne trouverait pas sur la face du monde un esprit qui ne soit tributaire en quelque chose du fondateur de votre philosophie et de ses premiers disciples ». C'est, en effet, ce qui peut être généralement constaté.

Que celui, dont le convoi a été suivi par une si nombreuse assistance ait, par sa parole, par ses écrits, contribué à l'extension de cette grande doctrine, il n'est personne qui en doute. Elle était de plus en plus réclamée par les exigences d'une situation qui s'aggrave chaque jour davantage, et ne pouvait que s'étendre. Avant la mort du Maître, si elle n'avait pénétré en tout lieu, on peut dire qu'elle était déjà dans tous les esprits sérieux. La correspondance qu'on imprime en ce moment, à elle seule, en ferait foi.

Que ces dernières paroles n'enlèvent rien à ce qui peut être accordé de considération à la mémoire de M. Laffitte. Il est des faits sur lesquels il importe cependant de s'arrêter. Il en est d'autres que lui qui se sont consacrés aussi activement à la même œuvre. Le seul survivant aujourd'hui des anciens collègues de M. Laffitte, dans l'exécution testamentaire du Maître commun, a le devoir de le rappeler.

Si le Positivisme est de nos jours dans tous les esprits, y est-il, doit-on se le demander, avec son grand caractère, la sentimentalité qu'on lui trouve dans l'œuvre tout entière du Maître, avec son caractère religieux, ses grandes aspirations, dont la hardiesse a pu parfois étonner les mieux disposés ? M. Laffitte, je crois pouvoir être autorisé à le demander, a-t-il été toujours le fidèle interprète de la pensée du grand novateur ? Sous son influence, il faut le dire, le Positivisme a pris une tout autre allure, une tout autre direction que celle qui semblait devoir lui être communiquée, conformément à de nobles et vieilles traditions.

Dans un mémorable testament, écrit deux années avant sa mort, Auguste Comte avait fixé ses dernières volontés. Il en avait confié l'exécution à treize de ses disciples, sous la présidence de M. Laffitte, sans voix prépondérante. Il déclarait sa succession vacante, n'ayant trouvé dans son entourage personne qu'il pût en charger.

Dans ce même testament, il avait, autant que faire se pouvait alors, pourvu à la continuité de son œuvre. L'exécution testamentaire devait veiller à l'exécution de certaines dispositions relatives à la conservation de son domicile et de tout ce qui s'y trouvait, après avoir toutefois accompli quelques obligations contractées à l'égard d'une épouse sévèrement qualifiée. Son domicile restait le siège de l'action positiviste. Il maintenait la société positiviste, dont il confiait la présidence à un prolétaire, M. Magnin, à lui depuis longtemps connu. La société positiviste restait, ce qu'elle avait été jusqu'alors, un centre de réunion et un moyen d'action, pour fournir des solutions, comme elle l'avait fait en diverses occasions, à toutes les questions pendantes, éclairer le pouvoir et le public s'il en était besoin. S'il donnait la présidence de la société positiviste à un prolétaire, c'était, disait-il, pour contrebalancer l'influence qu'aurait pu prendre un personnage quelconque, littérateur ou savant, et contenir ainsi toute action dispersive.

Parmi ses disciples, il en désignait plusieurs, qu'il croyait pouvoir aspirer au sacerdoce. La constitution d'un sacerdoce positiviste, pour maintenir le caractère religieux, de sa doctrine, était une de ses principales préoccupations. C'est la pensée qu'on trouve dans sa correspondance, dont un volume a été imprimé par les soins de ceux de ses exécuteurs testamentaires, restés fidèles à la mission qu'ils avaient acceptée.

Il était laissé aux libres efforts de ses disciples de faire prévaloir un successeur. Ce successeur devait être intronisé au domicile sacré par les exécuteurs testamentaires eux-mêmes. C'est alors seulement que l'exécution testamentaire devait prendre fin, sans qu'il lui fût assigné aucune limite. Ce testament si précis dans ses termes fut-il exécuté ? C'est par lui que devaient être assurées l'existence et la continuité de la grande œuvre.

M. Laffitte qui, pendant la maladie du Maître, était resté en province, retenu, disait-il, par des affaires de famille, et qui ne revint à Paris que quelques semaines après le décès, fut chargé par tous de la direction du Positivisme, sans qu'on tînt compte des prescriptions du testament. Ce fut un *interim*, disait-on, qu'on lui confiait. Ses pouvoirs furent aussi étendus que ceux du Maître lui-même.

Les hésitations de M. Laffitte à rentrer à Paris après le cruel événement qui y avait réuni la plupart des positivistes, alors accourus de toutes parts, montrent assez, quoiqu'il sentît qu'il avait un grand devoir à remplir, combien il redoutait la nouvelle situation qui s'ouvrait pour lui. Sa vie jusqu'alors fort tranquille, consacrée au travail, allait subir une transformation peu compatible avec ses goûts. On peut dire que c'est à son corps défendant qu'il se laissait élever à la direction du Positivisme. D'autres, plus ambitieux, mais moins timides que lui, y avaient aspiré. Chose triste à dire, c'est qu'on ne semblait nulle part, comprendre toute la responsabilité qui s'attachait à l'accomplissement des devoirs qui s'imposaient et l'étendue du savoir qu'ils réclamaient.

Mais, disons-le, M. Laffitte fut bientôt rassuré ; ce ne fut pas seulement par la confiance dont il fut entouré et le respect qu'il trouva en tous. Ses hésitations, qui furent d'abord si sévèrement jugées et qui devaient l'être, furent bientôt oubliées. Avec sa sagacité habituelle, sa vaste instruction qui déjà s'étendait à tout, il eut bien vite compris son immense supériorité sur tous, et qu'on lui laisserait les coudées franches.

L'œuvre du Maître était à peine achevée, elle allait recevoir son couronnement lorsque la mort vint inopinément le frapper. Avec sa magnanimité ordinaire et les dispositions de sa généreuse nature à enrichir chacun de toutes les qualités, en intelligence, dévouement, qu'il concédait à tout ce qui l'approchait, il était dans les meilleures dispositions pour se faire des illusions : il en revenait parfois. Il faut le dire, à plus de quarante ans de distance, son entourage n'était certes pas à la hauteur à laquelle il l'avait élevé. Si les quelques grands traits de son œuvre étaient connus, l'œuvre en elle-même ne l'était guère. Un grand nombre n'en était encore qu'à la partie philosophique. Les mieux disposés de cœur en acceptaient de confiance l'épanouissement religieux ; à la sentimentalité du Maître, combien peu s'étaient élevés !

M. Laffitte était, disons-nous, le plus instruit des disciples d'Auguste Comte, son intelligence s'était enrichie, dans la longue fréquentation du Maître, dont les moindres paroles étaient autant d'enseignements. Le savoir du disciple a pu s'étendre ainsi à tout. Une question se pose cependant : était-il bien pénétré, pour cela, de la mission qu'il avait acceptée, ou plutôt qu'on lui avait imposée.

Parmi les discours prononcés sur le cercueil de celui qui laissait après lui tant de regrets, il en est un qui dut frapper davantage l'assistance. Il ne venait pas d'un adhérent à la grande doctrine, c'était un témoignage d'affection et d'estime d'un ami, dont le cœur venait ainsi s'épancher. L'homme y est présenté avec ses rares qualités, avec son amabilité bien connue, les traits charmants de son caractère, son esprit primesautier, sa conversation toujours animée, touchant à tout, faisant voir avec une verve inépuisable le présent, le passé. Il eût pu ajouter, si la circonstance l'eût permis, descendant dans les moindres particularités des existences connues, comme s'il eût vécu dans leur familiarité, comme s'il eût reçu leurs plus intimes confidences. C'est, disons-nous, l'homme lui-même, sous son véritable jour que nous a présenté cet ami ; il n'a en rien diminué sa valeur. Il n'avait certes pas à vouloir le desservir. Mais pouvait-il, après son discours, empêcher les plus clairvoyants de se poser cette question, qui semblait arriver naturellement sur toutes les lèvres : M. Laffitte a-t-il pu être le continuateur du grand novateur contemporain, de cet homme toujours si plein de sa mission, qui s'était de tout temps, dans ses moindres actions, toujours identifié avec l'Humanité tout entière, dans son passé, dans son présent, dans son avenir, ainsi que le fait chaque jour le prêtre, offrant le divin Sacrifice, qui s'identifie avec son créateur. M. Laffitte fut sans doute un serviteur de l'Humanité, mais il n'a pu être, ni son ministre, ni son prêtre; sa nature, toute dévouée qu'elle était à la mission qu'on lui avait imposée, qu'il avait acceptée, ne pouvait s'élever à cette hauteur. Chacun d'ailleurs, malgré toute la considération dont il fut entouré, le sentait autour de lui. Son Maître ne se méprit pas sur sa nature et ses vraies aptitudes.

Sur ce lit de mort, où je l'ai laissé, partageant encore avec lui ses espérances en la guérison, il se plaisait à m'entretenir de certains projets, du concours qu'il attendait de ses disciples, ce qui l'amenait à me parler d'eux, de la valeur qu'il leur supposait. Plusieurs fois la conversation revint sur la personne du plus ancien. Il ne pouvait douter de son dévouement, et c'est cette conviction qui le décida à lui confier la présidence de ses exécuteurs testamentaires. S'il avait eu un moment l'idée d'en faire son successeur, il en était revenu. Son jugement sur lui me parut définitivement arrêté. Le promoteur de la théorie cérébrale y trouvait un instrument puissant d'appréciation, quand toutefois les renseignements ne lui faisaient pas défaut. Lorsqu'on voulut, dans une intention qu'il était facile de pénétrer, nous faire croire que M. Comte était revenu du jugement, qu'en son testament il avait porté sur celui qu'on lui donnait pour continuateur, n'était-ce pas nous mettre personnellement dans la nécessité de déclarer que ce jugement avait été jusqu'à la dernière heure maintenu et même aggravé. « Dépourvu de vénération et d'énergie, ce ne sera jamais qu'un dilettantie. » Ce que nous connaissons de cet homme éminent, qui pendant plus de quarante ans nous a occupé de sa personne, ne justifie que trop ce jugement. Que faut-il trouver dans les paroles sorties de la bouche de l'ami, que nous avons cité, en un moment où il faut laisser parler le cœur ? N'est-ce point la confirmation de celles du Maitre ? Ce n'est pas sans une profonde conviction qu'il portait le jugement qui a pu surprendre quelques-uns, car dans une lettre à la date du jeudi 8 Guttemberg 63 (52), il s'exprime de la même manière. Un successeur insuffisant serait, a-t-il dit, plus à redouter que l'absence de successeur. N'est-ce point ce que nous a montré la longue et laborieuse existence que M. Laffitte a consacrée au Positivisme ? Nous reviendrons sur ce sujet, qui, en lui-même est plein d'amertume. Continuons, et c'est à notre corps défendant. Le Positivisme a subi une pleine déviation qui nous impose l'obligation d'en parler.

Peu de temps après que la grande doctrine fut confiée à M. Laffitte, on ne fut pas longtemps à s'apercevoir que les grandes traditions allaient être abandonnées. Après la liquidation de certaines questions intérieures, où le dévouement de tous se manifesta dignement, le plus touchant accord régnait entre les disciples, quoique privés de la direction qui les avait soutenus ; tous étaient pleins encore de la pensée et des espérances du Maître. M. Laffitte, pour inaugurer sa direction, ne songea qu'à ouvrir un cours. Dans cet appartement où nous avait si souvent transportés la parole du Maître on enseigna l'arithmétique. N'y avait-il rien de mieux à faire ? Il est vrai que nous vivions sous l'Empire. Mais l'Empire avait toujours respecté la parole du Maître. Il eût respecté celle de son continuateur. M. Laffitte avait sans doute oublié que le Maître nous avait invités à concentrer toute notre activité sur la propagande religieuse, il n'y avait donc à cela aucun obstacle possible.

M. le Dr Robinet, dans sa mémorable notice, parle de la création d'un conseil religieux, composé d'un certain nombre de disciples chez lesquels M. Comte avait cru constater des dispositions au sacerdoce. Ce conseil fut constitué, disons-le, en vue de maintenir les traditions religieuses du Positivisme. M. le Dr Robinet me fait l'honneur de me désigner comme l'auteur de cette création à laquelle, j'ose le dire, personne ne songeait. Ce qu'une vieille amitié m'avait fait connaître de la nature et des aptitudes de celui qu'on se donnait pour directeur, et surtout mes dernières conversations avec le Maître, en ce qui concernait son plus ancien disciple, me faisaient craindre déjà la déviation mentale à laquelle nous fûmes sitôt entraînés. C'est pour en contenir les effets que je proposai la création de ce collège religieux, qui n'eut d'ailleurs qu'une durée éphémère. Elle répondait à une invitation du Maître.

N'ai-je point le devoir de demander à ceux qui me liront de se rappeler tout ce que je viens d'écrire Mais ? revenons à l'exposé des faits.

M. Magnin, qu'Auguste Comte avait élevé à la présidence de la Société positiviste et à qui des nécessités matérielles ne laissaient aucun loisir, fut obligé d'en abandonner la direction. Plus d'une fois sa noble nature nous avait rappelés aux grandes traditions. L'action sur laquelle avait compté le grand novateur pour combattre toute prépondérance littéraire ou scientifique, d'où qu'elle fût venue, faisait ainsi défaut. Cependant malgré le caractère défectueux que prenait la propagande positiviste, quelques publications importantes rappelaient encore la voix du Maître et accusaient la sentimentalité qui régnait dans ce milieu où se retrouvait toujours sa grande figure. M. Laffitte en tint-il compte ?

L'Empire avait suspendu toute activité, mais il avait, répéterons-nous, respecté la liberté philosophique d'Auguste Comte. Il n'avait point fait fermer la Société positiviste, comme on l'avait craint. Elle tenait régulièrement ses séances le mercredi soir. Après la mort du Maître, M. Laffitte put parler aussi sans obstacle, bien que l'allure générale de la Société fût toujours révolutionnaire. Le chef qu'on s'était donné se contentait de promener sa vaste érudition sur divers sujets où manquait toujours l'imposante allure de la grande doctrine. C'est ainsi qu'il arriva, comme on l'a dit, à éteindre peu à peu autour de lui l'ardeur révolutionnaire sans éveiller l'enthousiasme religieux. Faut-il rappeler ici ce que put oser le philosophe qui se crut chargé des destinées humaines ?

Dans un mémorable volume, l'*Appel aux conservateurs*, s'élevant à la hauteur qui convenait au grand prêtre de l'Humanité, avec un pressentiment de tout le mal qui pouvait sortir de la déviation impériale, il n'hésita pas à inviter le dictateur couronné à revenir à la forme républicaine. C'était un acte sans antécédent dans l'histoire qu'il lui demandait. La déviation militaire qui nous porta sous les murs de Sébastopol, la funeste guerre d'Italie, furent autant de sujets que blâma avec indépendance le philosophe qui en prévoyait les conséquences.

« Vous verrez ce qu'est un pontife, me disait-il, lorsque j'aurai cessé d'écrire. » Sans attendre ce moment il avait commencé une campagne qu'il comptait de son vivant mener à bonne fin. La liberté spirituelle était la chose qui manquait le plus à la situation, pour l'établissement de laquelle il avait fait entreprendre des pourparlers à Rome par l'un de ses plus éminents disciples. Le débordement de l'anarchie qui s'étendait jusqu'à la constitution domestique, comme le prouva plus tard la fatale loi du divorce, constituait un danger dont la grande doctrine pouvait seule prévoir les conséquences et les progrès. C'est dans l'espérance de les conjurer qu'il avait pensé à l'institution d'une ligue religieuse, au rapprochement de toutes les vieilles croyances contre le débordement révolutionnaire. Liberté spirituelle, aux conditions qu'il indiquait, et ligue religieuse étaient de nobles buts qu'il donnait à l'activité des fidèles à la nouvelle foi.

La mort du Maître devait-elle en suspendre la poursuite ? M. Laffitte n'était pas homme par sa nature à le comprendre. S'il fût entré dans cette voie, nul doute qu'il n'eût obtenu de sympathiques adhésions autour de lui et l'Empire n'eût en rien contenu sa tentative. Nous le répétons, la sentimentalité du Maître n'était pas celle de son disciple ; quoiqu'elle fût encore vivace en certains cœurs, surtout chez de nobles prolétaires, que le sentiment seul pouvait préparer à de telles espérances. Parmi les disciples qu'il avait désignés en son testament, comme pouvant aspirer au sacerdoce, il en était qui s'y seraient associés. Un insuccès en pareille matière était déjà un premier résultat ; une question bien posée pouvait être reprise plus tard.

Parlant assez librement de son Maître, M. Laffitte déclara que le projet de ligue religieuse n'était qu'une vue théorique et que le concours de la célèbre compagnie à laquelle il s'adressait exigeait que le général fût lui-même positiviste. Sa verve railleuse s'exerçait ainsi : celui qu'il désigna pour le remplacer dans la direction positiviste, n'a pas craint d'affirmer à son tour que, dans la pensée du Maître, un pareil projet ne devait être poursuivi que lorsque le Positivisme serait accepté de tous. La correspondance qui s'imprime montrera qu'il n'y avait là qu'une malheureuse fin de non-recevoir de la part de celui qui a accepté si gaiement de diriger le Positivisme. Que dirait-il s'il apprenait qu'Auguste Comte voyait déjà dans un prochain avenir un débordement assez menaçant d'anarchie, pour rapprocher tous ceux qui ont une croyance et qu'il se proposait d'inviter le chef ignacien à venir à Paris, au principal siège de l'anarchie actuelle, l'assurant de son concours pour la combattre et laissant le chef officiel de l'Eglise s'arranger avec ses sujets. C'était sous l'Empire qu'il parlait ainsi, en vue de tout ce qu'il prévoyait.

Un de ses derniers disciples qui ne traitait pas de chimériques les projets de son maître, qui croyait avec lui aux progrès de l'anarchie, pensa, (fut-il illusionné comme on l'a dit ?) qu'il lui incombait de renouveler la tentative romaine auprès des chefs ignaciens de son voisinage. La sécurité dont vous jouissez en ce moment ne peut être que passagère, leur a-t-il dit ; vos adversaires n'aspirent qu'à vous éloigner, vous supprimer. Vous pouvez former bien des projets, et vous rendre utiles en concourant au rétablissement de la paix, sociale et religieuse. Osez, leur a-t-il dit, prendre vous-mêmes l'initiative de la dénonciation du Concordat, de ce pacte qui asservit les consciences. C'est la proposition qui fut faite en d'autres temps à votre chef. Votre existence n'est-elle pas indépendante de toute subvention de l'Etat. En retour, au nom de la liberté spirituelle, que vous n'avez cessé de réclamer, exigez la suppression des deux budgets académiques et universitaires. Ce sont des hommes qui ne peuvent défendre vos dogmes, pour eux épuisés, qui vous tiennent ce langage, mais qui défendront votre existence au nom de son utilité sociale. Pas plus en politique qu'en philosophie on ne fait table rase, a-t-il ajouté ; il faut ici plus qu'ailleurs compter avec le passé.

La proposition, tout insolite qu'elle put paraître à quelques uns, fut respectueusement écoutée. Les rapports qui s'établirent entre le disciple, fidèle interprète de la pensée du Maître, et ceux à qui il s'adressait ne prouvent pas qu'ils aient considéré, comme une simple vue théorique, la proposition du grand novateur toujours respecté par eux. Ce sont les naïfs qui, en nos jours de détresse, posent les grandes questions. Aux pauvres d'esprit du catholicisme le grand novateur a opposé les riches de cœur du positivisme. Ils s'entendront un jour.

En l'absence de tout pouvoir spirituel, qu'il soit dit que le même disciple dans un manifeste s'était antérieurement adressé au nonce apostolique à Paris, pour appeler son attention sur les dangers auxquels l'anarchie croissante allait exposer l'Eglise et la moralité publique. Ce qu'on s'obstine à ne pas voir ici, c'est que cet excès d'anarchie doit rapprocher toutes les communions, sous la présidence naturelle de la seule doctrine qui peut défendre l'existence de toutes, au nom de leur utilité sociale. Voilà ce qui a été fait pour défendre l'ordre menacé, en dehors de ceux qui disaient continuer l'œuvre du grand novateur.

Mais avec sa sagacité habituelle, M. Laffitte a pensé autrement. Les événements qui s'accomplissent sous nos yeux ne constituent-ils pas une éloquente réfutation à tout ce qu'il a dit en opposition avec son maître? Ici, le *dilettante* apparaît sous son vrai jour. Il est des nécessités qui rapprochent et effacent des dissidences secondaires. La proscription religieuse, que poursuit en ce moment le gouvernement, sans aucun sentiment de la vraie situation, a déjà fait sentir à tous ceux qui élèvent l'homme religieux au-dessus de l'indiscipliné, que tout ce qui obéit à une foi quelconque a les mêmes ennemis et doit se réunir pour les combattre. Il n'a pas fallu bien longtemps aux membres les plus exposés de la célèbre compagnie pour comprendre qu'ils trouveront des auxiliaires, des défenseurs, dans les fidèles de la religion de l'Humanité. Qui ne voit là les prodromes de cette ligue religieuse que le prétendu continuateur d'Auguste Comte a flétrie sous ses sarcasmes. Il n'est pas nécessaire, disons-nous, que le général ignacien soit positiviste pour qu'il comprenne la grandeur de la foi nouvelle. C'est avec des évêques concordataires que dans un récent travail, M. Laffitte veut s'allier aujourd'hui pour constituer à sa manière une tout autre ligue. Etrange légèreté. Il avait sans doute oublié que la suppression du budget des cultes fut une des choses le plus ardemment réclamée par son Maître. On peut le dire, le projet si judicieusement conçu par lui ne fut pour ainsi dire que prématuré. L'aurait-il été si la guerre n'avait interverti les rôles ?

Un événement imprévu et terrible dans ses effets est venu compromettre la paix de l'Occident. La capitale des occidentaux a été réduite par la faim, ses monuments ont été renversés ou souillés. Au rétablissement de la paix celui qui, dit-on, présidait à nos destinées, a-t-il eu quelques paroles contre ce saccagement.

Plus tard lorsqu'une formidable puissance militaire s'est constituée sur nos frontières, menaçant tous les intérêts occidentaux, poursuivant un projet insensé de régénération du monde par la foi de Luther, quelqu'un a-t-il songé en rue Monsieur le Prince à crier au danger qui menace la vieille famille constituée sous des aspirations communes ? Au puissant chef oriental que les événements ont érigé en conservateur de l'œuvre des temps, un appel fut adressé. On montrait à quelles conditions la stabilité occidentale pourrait être rétablie. Cet appel fut entendu en Russie, et dans l'Allemagne catholique. Il s'agissait de neutraliser les provinces brutalement annexées, de rétablir leur autonomie séculaire, que la France avait, il est vrai, méconnue. La grande doctrine était autorisée à proposer une pareille solution, puisque dans son enseignement, on y a prévu depuis longtemps le démembrement pacifique de tous les grands États occidentaux que, depuis la fin du moyen âge, des motifs défensifs ont constitués.

Si les intérêts spirituels de l'Occident furent ainsi défendus ce ne fut pas en rue Monsieur le Prince. Les membres épars de la famille positiviste, surtout en Angleterre et en France, il faut le dire à leur honneur, ont cherché à suppléer à la vacance du pouvoir spirituel par leur initiative personnelle.

Au domicile sacré, M. Laffitte faisait des cours bien intéressants, bien instructifs sans doute. A-t-on pensé dans le groupe qu'il présidait qu'il y avait autre chose à faire ?

Dans un moment de confiance en nos gouvernants, le grand novateur avait demandé le Panthéon, qui par sa destination semblait revenir au culte de l'Humanité. Il y eut inauguré, la célébration des grands types de son calendrier concret. Diverses tentatives de culte public avaient été faites en dehors de la rue Monsieur le Prince. Il y avait là un danger de voir la propagande positiviste dégénérer en déclamations, alors que la pratique du culte privé n'avait encore préparé personne aux effusions sentimentales que réclame tout culte public. Pour donner une satisfaction à une tendance qu'on pouvait considérer comme prématurée, on invita M. Laffitte à inaugurer au domicile sacré la commémoration des grands types historiques. Sa grande érudition le lui permettait sans doute. L'utilité de cette commémoration ne pouvait guère exister que dans la correspondance de chaque célébration au dimanche de la semaine affectée au type qui lui était propre. Rien n'était plus facile en ces conditions que de donner un caractère religieux à chaque commémoration, les formules nécessaires à tout culte seraient arrivées avec la pratique correspondante.

L'apôtre, le prêtre, n'existait pas sous le professeur, qu'on entendit cependant avec un grand intérêt. On eut ainsi une série de notices historiques. Elles purent être réunies par les soins d'un auditeur dévoué à cette œuvre, en un volume qu'on consultera toujours avec grand intérêt. Mais ce n'était pas ce qu'on réclamait. L'allure académique du professeur l'emporta sur les exigences religieuses. Il fallait s'y attendre.

Pendant cet interrègne spirituel, d'autres besoins que

ceux qui viennent d'être signalés se faisaient sentir surtout en France. La situation politique s'aggravait, un parlementarisme, à la fois oppressif et désorganisateur, était devenu compromettant pour les plus recommandables intérêts; les lecteurs du précieux volume de la correspondance qui vient d'être imprimé, à défaut de l'enseignement du Maître, constateront tout ce qu'il fit en d'autres temps pour combattre l'avènement d'un régime en tout point en désaccord avec nos traditions françaises. La guerre, qui avait livré le pays à la tourbe des discoureurs, y ramenait. La prépondérance du pouvoir central se trouvait compromise, la grande liberté, la liberté spirituelle, était sacrifiée ; le danger extérieur devenait de plus en plus menaçant. La société positiviste était condamnée à l'inaction par la retraite de son président, que sa position matérielle retenait loin de Paris. Sous l'initiative de deux disciples, d'un patriotisme éprouvé, une première revue fut fondée, sous le titre de *Revue occidentale*. On chercha à y éveiller le zèle déjà défaillant et à y reprendre le rôle qui convenait à la société positiviste, qui avait dégénéré en une froide réunion hebdomadaire. Cette Revue n'eut qu'une durée éphémère, mais le souffle du grand novateur y régnait encore.

Hors de Paris d'importantes études se poursuivaient. La mort du Maître nous avait privé du traité de morale théorique qu'il allait écrire lorsqu'il fut frappé d'une façon inattendue. La mémorable théorie des fonctions du cerveau laissait quelques lacunes, qui auraient été comblées dans l'œuvre projetée. Il importait qu'elles le fussent pour l'intelligence des phénomènes nerveux qui en constituaient la partie principale. Sur les indications du Maître, d'après les inépuisables conversations de la dernière heure et une série de lettres qui ont été enfin imprimées, son dernier disciple crut pouvoir le tenter. Deux volumes inspirés par les souvenirs du Maître, sur le cerveau et les maladies cérébrales, sont venus fixer la pensée sur des phénomènes dont l'étude était restée jusqu'à ce jour incomplète. Elle avait été laissée à de vagues métaphysiciens, ou à des médecins, interprètes insuffisants de la science de l'homme.

Au milieu d'un besoin d'activité, qui se faisait de toutes parts sentir, et qui suscitait tant de projets, tant en France qu'à l'étranger, M. Laffitte ne restait pas sans doute inactif, comme on l'a vu ; mais son enseignement pouvait-il répondre aux exigences de la situation ? Ce n'était pas par ses écrits, quelque intéressants qu'ils fussent pour ceux qui voulaient s'instruire, qu'il pouvait y pourvoir.

Des observations respectueusement faites du dehors par ceux qui jugeaient de loin ce qui se passait parmi nous, n'aboutirent qu'à diminuer le peu d'autorité, dont avait joui le directeur accepté du Positivisme. Il fallut enfin reconnaître que ce qu'on lui demandait n'était pas ce qu'on pouvait attendre de la nature. Le professeur instruit de toutes choses ne pouvait être un chef religieux. Les impatiences ne se mesurent pas ordinairement ; on parla, timidement d'abord, puis ouvertement, de l'insuffisance du chef, et de la nécessité de tout autre direction. Ce qu'il y avait à faire, c'était de revenir à l'exécution du testament dont on avait méconnu la sagesse. Les divers projets qui furent mis en avant n'étaient certes pas de nature à modifier la situation ; ils ne pouvaient que l'aggraver. On proposa sagement de se dégager de toute dépendance religieuse à l'égard de M. Laffitte, ce qui était bien facile, et de laisser au temps de faire le reste.

Faut-il rappeler le désordre qui survint alors dans ce milieu jusqu'alors fort uni ? La sagacité féminine ne se méprit pas sur les véritables motifs d'une explosion qui était si peu dans les esprits quelques jours auparavant. La société positiviste, telle qu'elle était composée, comptait alors en son sein des hommes pleins de dévouement et de bonne volonté. Mais il n'eût pas fallu leur demander la haute sentimentalité du Maître. Le plus grand nombre acceptait, sans doute, la partie intellectuelle de la doctrine et la propageait même. C'était tout ce qu'on pouvait attendre de leur nature, à peine affranchie des habitudes révolutionnaires, qui contenaient encore les grandes aspirations, que le sentiment religieux pouvait seul développer. Une noble dame comprit mieux qu'on ne l'avait fait, ce qui séparait ceux qui s'étaient trouvés rapprochés sous une même désignation.

D'un commun accord, on comprit cependant ce que laissait à désirer la prétendue direction de M. Laffitte. Son insuffisance, suivant le mot qui se trouva dans toutes les bouches, était accusée par tant de lacunes qu'elle ne pouvait être désormais méconnue. Ce n'était pas à l'homme profondément instruit qu'on s'en prenait, nul ne doutait de sa haute valeur intellectuelle. **En protestant contre cette insuffisance, on lui demandait ce que sa nature ne comportait pas.**

En présence d'une manifestation aussi unanime que celle qui se produisit alors, on put être étonné que M. Laffitte ne se désistât pas d'une direction qu'il avait si mal exercée, ou pour être plus juste envers lui, qu'il n'avait pas exercée. Tout semblait l'y inviter.

Cet homme si modeste, qu'on blessait dans son amour-propre, lorsqu'il s'y attendait le moins, voulut faire appel au sentiment. Il convoqua à cet effet, la société positiviste tout entière et eut facilement raison de toutes les résistances par une demande peu conforme à la dignité d'un chef. Il demanda humblement qu'on le prît à l'essai pendant deux ans encore. Une telle proposition n'était-elle pas une déchéance? Les fidèles au prétendu continuateur d'Auguste Comte eurent ainsi un chef à l'essai. Une scission entre positivistes éclata bientôt.

M. Laffitte connaissait trop bien son monde pour ne pas comprendre que s'il pouvait aisément avoir raison des uns, il ne trouverait pas dans les autres cette soumission, cette confiance, dont on l'avait jusqu'alors entouré. Faut-il le dire, quoiqu'il m'en coûte, il devint dès ce moment coupable. Il eut des idées de vengeance contre ceux qui avaient le plus contribué à diminuer son crédit. C'est contre l'un d'eux surtout, dont la plume avait eu quelques traits assez vifs contre lui, qu'il se déchaîna. On ne resta pas sans répondre à des insinuations dirigées contre le vigoureux écrivain, dont le talent et la verve avaient plus d'une fois réduit au silence certains adversaires.

Dès ce moment la scission devint complète, violente. De gros mots furent échangés ; il n'y eut plus que des ennemis en présence, où une parfaite union avait régné, où une mutuelle estime avait contenu des dissidences doctrinales. Qui avait provoqué cette scission entre gens qui avaient marché jusqu'alors dans une étroite union ? Qui doit accepter la responsabilité de cette regrettable division ?

Impitoyable dans sa vengeance, sortant de sa nature, jusqu'alors si pacifique, le disciple aimé d'Auguste Comte n'eut de repos que lorsqu'il eut fait rayer des archives de la société positiviste les noms de ceux de ses membres qui ne s'étaient pas inclinés devant l'omnipotence de ses procédés. Il avait déjà oublié qu'on lui avait à sa demande accordé un répit de deux ans. Ce fut un humble prolétaire bien dévoué qu'il chargea de notifier leur radiation à ceux qui avaient encouru sa colère. Jamais il n'obtint plus de soumission, sinon plus de confiance. Les noms qu'on effaçait avaient été écrits sur de mémorables archives par la main du Maître, d'Auguste Comte lui-même. C'était ceux de ses disciples les plus aimés, à qui il avait confié, en son testament qu'on avait déjà lacéré, l'exécution de ses suprêmes volontés.

Les tristes événements qu'on venait de traverser furent un coup de fouet donné à ces hommes qui vivaient dans une sorte de somnolence au milieu des plus graves complications du dehors. On voulut faire quelque chose et à cet effet M. Laffitte organisa tout un programme d'enseignement. La matière positiviste fut dépecée. A chacun des plus diserts fut confié un cours. On parla de fêtes à célébrer. On rappela celles de la Révolution. Pour montrer qu'on n'était pas réfractaire à l'idée de culte, on réédita les prières de M. Lonchampt. M. Laffitte est triomphant, il songe même, en utilisant une nouvelle loi, à nous doter d'une université positiviste. On pourra y délivrer des diplômes.

Cette recrudescence d'activité a un terme ; un certain refroidissement se fait partout. Les cours de M. Laffitte persistent cependant, en prenant toutefois un caractère de plus en plus académique. Placé plus que jamais au point de vue intellectuel, ses sympathies se dessinent pour le monde universitaire. Quelques velléités en faveur de la liberté d'enseignement se manifestent cependant. On parle des projets du Maître à ce sujet; de la suppression des divers budgets académiques, universitaires, cléricaux. A ceux qui se montrent le plus partisans de la liberté d'enseignement, M. Laffitte oppose la fameuse sentence : « On ne détruit que ce qu'on remplace. » Instruisez-vous auparavant, leur répond-il, montrez-vous aptes à remplacer ceux dont vous demandez l'élimination. Tous n'étaient pas, à leur louange, disposés à s'enrôler sous la bannière du grand Maître de l'Université.

Par ses conversations toujours fort intéressantes, M. Laffitte s'était fait des amis dans le monde des discoureurs, qu'il dominait par l'étendue et la solidité de son instruction, en attendant d'y pénétrer officiellement comme il y visait déjà. Enivré par ses succès, on prétend qu'il songeait à se proclamer grand-prêtre de l'Humanité et à mettre fin ainsi à un *intérim*, dont il avait mesuré les dangers. Le dilettante apparaissait sans retenue. A ses amis haut placés, pour donner plus de publicité à ses cours, il demanda une salle qu'on n'eut garde de lui refuser.

Le patronage de celui qui se donnait comme le continuateur d'Auguste Comte pouvait couvrir les visées de ceux à qui un régime désorganisateur nous avait livrés. Sa parole puissante déjà, même hors de la rue Monsieur le Prince, encouragea plus d'une fois ses nouveaux amis politiques dans leur résistance à tout mouvement progressif. Lorsque M. Jules Ferry se mit en tête de traquer les ordres religieux, il n'eut pas un seul mot en faveur de la liberté spirituelle. Une protestation ne vint que de ceux qui s'étaient éloignés de lui. Le continuateur d'Auguste Comte était définitivement enrayé dans ce parlementarisme que son Maître avait de tout temps si énergiquement combattu et dont il avait tant de fois signalé le danger.

Il est un fait affligeant que nous sommes condamné à rappeler en raison de sa gravité.

A l'époque de ce qu'on a qualifié de boulangisme, M. Laffitte est plein d'inquiétude pour ses patrons politiques.

Pour donner du cœur à ses nouveaux amis, il termine une conférence par cette déclaration surprenante dans la bouche d'un prétendu continuateur d'Auguste Comte : « Le grand péril c'est toujours le péril théologique, c'est-à-dire le péril clérical. » Etait-ce le langage qu'il fallait entendre tenir à un continuateur d'Auguste Comte, de celui qui avait prêché la nécessité d'une ligue religieuse ?

Enfin la nomination de M. Laffitte comme professeur au collège de France vint combler tous ses vœux. Son Maître, lorsque sa parole était encore sans écho, avait demandé à M. Guizot, ministre alors prépondérant, avec lequel il s'était trouvé en relations, bien que M. Guizot ait fini plus tard par l'oublier, de créer pour lui au collège de France une chaire de l'histoire des sciences. C'est en invoquant cette demande faite antérieurement par Auguste Comte que M. Laffitte voulut justifier sa nomination.

M. Comte s'il eût été nommé à la chaire dont il croyait la création nécessaire et qui l'était certes pour les temps, aurait-il pour cela abdiqué son indépendance ? En pourrait-on dire autant de M. Laffitte qui semblait méconnaître qu'il se liait ainsi aux nouveaux patrons qu'il s'était donnés ? C'est au milieu de ceux qui de tout temps s'étaient montrés hostiles à la nouvelle philosophie qu'il consentait à siéger (1).

---

(1) Voici ce que nous lisons dans une lettre en date du 26 Charlemagne 69 de M. Comte au docteur Audiffrent.

« Je rappellerai, dans ma septième circulaire, la déclaration solennelle, qui, depuis trois ans, a fixé ma situation personnelle, d'après ma lettre publiée, à M. Vieillard, constatant ma renonciation à toute *place* ou pension émanée d'un gouvernement quelconque, et ma résolution de faire uniquement reposer ma subsistance sur les libres cotisations de mes adhérents ou protecteurs. Cette décision m'a permis de terminer mon principal ouvrage en demandant sans inconséquence la suppression du budget théorique, comme une condition indispensable du régime préparatoire, que mon propre exemple avait d'avance moti-

La situation qu'avait prise M. Laffitte vis-à-vis de ses nouveaux amis politiques, allait se trouver en désaccord avec certains projets de son Maître. Il fallait s'en défendre. C'est dans son appel aux conservateurs que le grand novateur avait posé de grandes questions d'une actualité directe. Rompant définitivement avec les révolutionnaires, dont le ralliement lui paraissait impossible, il s'adressa à ceux qui par leurs antécédents n'ont cessé de donner des garanties à l'ordre. Il leur présente cette grande notion, comme n'étant en aucune façon inconciliable avec le vrai progrès. Le parti conservateur auquel s'adressait Auguste Comte n'est qu'une illusion du Maître, osa dire son disciple. Il a pu exister sous la Restauration, mais il a disparu ou s'est rallié en partie aux rétrogrades. Pendant qu'il se livrait à la rédaction de son œuvre fondamentale, de 1830 à 1840, M. Comte, ose-t-il dire, s'était retiré du monde. Pendant cette éclipse du penseur, bien des événements se sont succédé dont il n'a pas eu connaissance. C'est le langage qu'avait, lui aussi, tenu M. Littré. La correspondance du Maître avec d'éminents personnages de cette époque, ses relations comme professeur libre, la fréquentation des salons de Blainville constituent autant de démentis à l'étrange affirmation de M. Laffitte. N'avait-il pas oublié M. de Blainville, cet admirateur d'Auguste Comte, parmi ces conservateurs vivant loin des intrigues courantes. C'est avec M. Gambetta et ses grotesques amis que M. Laffitte veut constituer un parti conservateur.

vée. Sans cette garantie d'indépendance et de vraie dignité, que je désirerais étendre à trois générations, le sacerdoce positiviste ne pourrait acquérir ni conserver la confiance qu'exige son ascendant régénérateur ». M. Laffitte se disant le continuateur d'Auguste Comte pourrait-il accepter des fonctions qui le mettent dans la dépendance, lui et son entourage, de ses amis politiques ?

Le Positivisme, on l'a dit, devenait, en quelque sorte, une doctrine officielle ; n'est-ce pas ce qu'on pouvait penser au dehors, quand après la nomination du chef, on voit ses plus ardents partisans entrer à sa suite en divers ministères ? Un prolétaire, peintre en bâtiment, s'y faisait une bonne position et se faisait décorer. Auguste Comte n'avait jamais été l'objet, même quand il était examinateur pour l'entrée à l'école polytechnique, d'une semblable distinction.

M. Laffitte, heureux des succès de toutes sortes qu'il a obtenus dans l'exercice de ce qu'il considère comme sa mission, se croit obligé de les justifier. C'est en enseignant la philosophie première qu'il veut y arriver et s'élever ainsi au-dessus de tous. C'est sous ce patronage qui devient son principal titre comme penseur, qu'il nous est désormais présenté. Qui pourrait douter de sa valeur inventive après un pareil travail. C'est presque comme novateur, comme l'émule du Maître qu'il apparaît. Ceux qui ont suffisamment médité la grande œuvre contemporaine se permettront de distinguer, dans cette exposition qu'on porte si haut, ce qui appartient au Maître de ce qui est propre au disciple. L'économie naturelle, fait remarquer Auguste Comte, peut être toujours décomposée en autant de cas généraux, qu'il existe de phénomènes élémentaires vraiment irréductibles à d'autres. La connaissance de ces phénomènes suppose autant d'inductions correspondantes sans déductions préalables. Leur ensemble, dit-il encore, peut constituer, suivant le vœu, confusément exprimé par Bacon, une sorte de *philosophie première*, pouvant servir de fondement à toutes les constructions ultérieures, abstraites ou concrètes. C'est au début de toute initiation encyclopédique qu'il plaçait l'exposition des grandes lois qui constituent cette philosophie première.

La difficulté principale, que pouvait présenter l'institution d'une telle philosophie, résidait dans le groupement des phénomènes généraux vraiment irréductibles, en une série de lois. C'est ce qui fut fait, par leur réduction à quinze grandes lois, essentiellement distinctes. Ce n'est pas seulement le groupement de ces cas irréductibles que nous trouvons dans l'œuvre de seconde vie, mais le développement, souvent étendu, de ce qui concerne la plupart d'entre eux. Ils y ont été présentés avec une suffisante extension pour qu'on pût déjà les réunir en un corps de doctrine. Nous ne voulons pas diminuer le mérite de M. Laffitte ; lecteur assidu du Maître, il a eu la patience et le talent de dégager ce qui n'était que réparti en divers volumes. C'est un service sans doute qu'il rendait en donnant une rédaction à cette philosophie première. Il lui a consacré un grand temps ; mais ne doit-on pas se demander cependant si ce travail était réclamé par quelque nécessité sociale ? Qui oserait l'affirmer lorsque tant de graves événements s'accomplissaient autour de lui ?

La grande question de la liberté spirituelle était toujours pendante ; l'opinion lui était favorable. La mettre à l'ordre du jour par quelques conférences dirigées dans ce sens, n'était-ce pas montrer du même coup les dangers de ce parlementarisme odieux et en préparer ainsi la déchéance, en faisant ressortir les conditions de tout vrai progrès ? Sous l'empire, pour corriger une déviation non moins grande, l'incomparable novateur n'avait-il pas invité le dictateur couronné à revenir à la forme républicaine ? Des dangers pour l'ordre public et des complications de toutes sortes naissaient de toutes parts, et le directeur du Positivisme se laissait aller à de transcendantes abstractions.

Une funeste constitution, aussi anarchique que rétrograde,

sortie de la tête d'un lettré, avait, on peut le dire, décapité la France, en annulant le pouvoir central, confié à un ministère aussi fluctuant que les passions qui agitaient une inconsistante assemblée. On ne se sentit plus gouverné en de telles conditions. En grande partie composée de besogneux, une assemblée à qui le flot populaire a tout livré, restait ainsi à la merci des financiers qui la font vivre.

Le péril est de toutes parts bien grand. Une formidable armée que réclame la défense nationale, où les habitudes d'ordre sont encore en vigueur, peut-elle rester indifférente au milieu de la désorganisation générale? A nos législateurs improvisés, elle peut paraître justement menaçante. Ceux qui ont vécu dans l'intimité du Maître ont pu lui entendre dire qu'un excès d'anarchie pourrait nous réserver le sort des républiques de l'Amérique du Sud et nous faire passer par une série de pronunciamientos militaires. M. Laffitte avait-il médité ces menaçantes paroles quand il tournait toute son activité vers la rédaction d'une philosophie première, dont personne n'a encore senti l'utilité ?

D'un autre côté, faut-il être surpris si les directeurs du catholicisme, alarmés pour leurs ouailles, pour la moralité publique, et pour eux-mêmes, se sentent directement menacés par le débordement des dogmes révolutionnaires et par l'attitude à leur égard, si oppressive du gouvernement? Qu'est-il étonnant qu'ils conspirent contre la République ? Qui ne voit ici un double péril ? M. Laffitte a-t-il songé à le conjurer ? Qu'a-t-il à lui opposer ? ses cours sans doute ! S'il a tout endormi autour de lui, dans son entourage, désormais en grande partie composé de fonctionnaires, il n'en est pas ainsi parmi ceux qu'il a repoussés loin de lui. C'est chez eux, nous osons le dire, que se conservent encore les grandes traditions du Maître. Sa correspondance qu'on imprime leur donne, en quelque sorte, une nouvelle consécration. La grande liberté, la liberté spirituelle, le désistement de l'État, en tout ce qui n'est pas de sa compétence, est pour eux le principal obstacle à opposer à un parlementarisme que tout bon esprit doit considérer comme la principale source de tous les désordres qui s'accomplissent autour de nous. Sans hésitation, ils sont restés fermes dans la politique, désormais traditionnelle, recommandée par le Maître.

Dans un manifeste de l'un d'eux au représentant du Saint-Siège à Paris, on ne pouvait sans doute espérer de modifier, pour le moment au moins, la politique suivie par la papauté, mais l'avenir est à ceux qui peuvent attendre : la grande masse catholique, à laquelle on s'adressait plus spécialement, en comprit toute l'importance. S'il n'y a suscité aucun ébranlement, il y a été lu, ainsi que le témoignent tant de lettres reçues, principalement du clergé militant. Les pressentiments du grand de Maistre pouvaient être rappelés en cette occasion. N'a-t-il pas prédit que les affinités de la religion et de la science les réuniraient un jour dans la tête de quelque homme de génie. « Cet homme est peut-être né », disait-il. Auguste Comte l'était en effet.

Disciples fidèles du grand novateur, n'avons-nous pas qualité désormais pour demander où se sont trouvés depuis sa mort les vrais représentants de la liberté spirituelle à laquelle il subordonnait à la fois la défense de l'ordre et la garantie de tout véritable progrès.

Il nous est pénible de dire qu'une sorte d'ostracisme a pesé sur tous ceux du dehors. Le plus connu des disciples d'Auguste Comte, dont la plupart des productions ont été lues à l'étranger, y est resté ou dirait repoussé. La vente de ses volumes chez les éditeurs permet cependant de croire qu'il n'était inconnu de personne. Son nom effacé des archives de la société positiviste n'a jamais suscité de ce côté aucune protestation.

Entouré de ses amis, M. Laffitte a pu penser que tout s'était concentré en son petit cénacle. C'est sans doute ce qui a pu lui faire croire que l'exécution testamentaire était close et qu'il pouvait, sans craindre aucune protestation, la supprimer et réduire par là ses membres à aller se réunir ailleurs. Il pouvait se rappeler que l'exécution testamentaire, entre autres devoirs qu'elle avait à remplir, avait mission de faire imprimer le volume de la correspondance, et que lui-même en qualité de président de cette réunion avait aussi l'obligation d'introniser un successeur au Grand-Prêtre de l'Humanité lorsqu'il s'en présenterait un, dûment accepté par l'ensemble des Positivistes. Eloignés du domicile sacré, leurs protestations restèrent sans effet, M. Laffitte ayant déclaré quelle était sans valeur pour lui, la plupart des membres nommés par le Maître ayant disparu et l'action de ceux désignés par leurs collègues n'ayant aucun caractère légal. Fallait-il lui intenter un procès et mêler la justice à nos affaires, alors que le Maître en avait toujours repoussé l'intervention et s'en rapportait en toute occasion à la seule action de l'opinion ?

On a pu se demander en présence de l'attitude qu'avait prise M. Laffitte en ces dernières années, lui si réservé ordinairement, si prudent, s'il avait bien mesuré la portée de ses actes. Dans ses cours au collège de France, on avait déjà constaté moins de verve dans son exposition, et souvent des répétitions dont il ne semblait pas se rendre compte. Après cet acte de violence si éloigné de ses habitudes, il eût fallu à cet homme d'une si grande intelligence un caractère plus ferme que celui qu'offrait sa nature dans la situation exceptionnelle où il s'était si obstinément placé. Un état d'affaiblissement constaté par ses plus intimes fut une des premières manifestations de la maladie qui provoqua sa retraite. Avait-il pu résister pendant près de quarante ans à un travail de tous les instants ? L'usure de l'intelligence est chose peu commune. Ce n'est donc pas là, contrairement à l'opinion reçue, qu'il faut chercher la cause de ses premières défaillances. L'homme est plus dans le caractère que dans l'intelligence. C'est par le caractère qu'on résiste au trouble des passions. Le mot dont s'est servi le Maître, pour qualifier son disciple, prouve assez que s'il lui accordait des facultés mentales peu communes, il ne lui croyait pas une grande fixité dans les résolutions. La mort de son Maître le plaça dans une situation peu conforme à sa nature, à ses véritables aptitudes, à son manque de caractère. Il n'était certes pas né pour la direction et ses hésitations à venir à Paris, quand tout y réclamait sa présence, montrent assez qu'il cédait à une pression en acceptant la rude mission de diriger des hommes. On se livrait cependant à lui avec confiance. Si sa vanité en fut flattée, sans la grande ambition qui réclame toujours un caractère ferme, elle n'a pu susciter en lui aucun effort pour s'élever à la hauteur de ce que réclamait sa nouvelle situation.

Sa vie s'écoula heureuse pendant les premières années de ce que je n'ose appeler sa gestion. Sa grande intelligence s'appliqua à commenter plutôt qu'à développer la pensée du Maître. Son esprit plus que son cœur, il faut le dire, trouva de profondes satisfactions dans ce travail, qui lui valut la considération de tous, dans son entourage d'abord, plus tard au dehors. La douce quiétude dans laquelle il vécut, content de ses succès et des acquisitions dont il ornait chaque jour son esprit, ne fut troublée, nous le répétons, que lorsqu'il sentit naître autour de lui les premières oppositions. Sa vanité en souffrit ; elle fut plus tard profondément blessée, lorsqu'après une première protestation, où l'on parla de son insuffisance, il se vit forcé de demander du temps et du répit. De ce moment ce n'est plus le même homme qu'on a devant soi. On dirait qu'une unique pensée est dans son esprit, c'est de repousser tout ce qui peut venir du dehors et contrarier ses vues. Sa nature, malgré quelques poussées d'orgueil, ne se prêtait guère cependant à la domination. Son caractère ne lui permettait pas de s'élever au-dessus des ennuis que lui suscita sa situation à l'égard de ceux qui se sont éloignés de lui. Pouvait-il, d'une autre part, ne pas comprendre qu'il était souvent dans son enseignement en désaccord avec son Maître ? S'il voulut plusieurs fois s'égaier, dit-on, à lui, quels efforts ne dut-il pas faire pour cela. Ses amis sont assez maladroits, par certaines insinuations, pour provoquer des réponses qui montrent que le disciple chéri du Maître n'était pas dans la pensée de celui-ci l'homme qu'ils élèvent si haut.

Les satisfactions d'amour-propre qu'il obtient par son élévation à l'une des plus hautes positions dans l'enseignement officiel n'ont pu rétablir chez lui, nous osons dire, le calme des premières années. Une sorte d'agitation que l'on constate en lui, des projets divers, sitôt abandonnés que conçus, semblent le prouver. S'il eût été dépourvu de cœur, il ne se serait pas rappelé qu'il fut abandonné par ceux qui l'aimaient le plus et dont mieux que personne il appréciait le mérite. Ainsi nous ne pouvons croire qu'il ne fut cruellement éprouvé, quand un sieur Bertrand, secrétaire perpétuel de l'Académie des sciences, vint traîner dans la boue son Maître et que sa haute position parmi ses nouveaux collègues ne lui permit pas de lui répondre. Il dut se contenter de lâcher contre lui un de ses timides amis.

Dans le cours d'une de ses vacances, il fut atteint, en son pays, d'une épistaxis grave, qui appela auprès de lui son ami, M. le Dʳ Robinet, du dévouement duquel il ne pouvait douter, bien qu'il ne le voyait plus. En rapprochant ce fait survenu chez un homme déjà âgé, de la triste maladie qui l'enleva, qui n'y voit déjà les conséquences d'un trouble cérébral, qui devait dans la suite s'accentuer davantage. J'étais alors à Paris, ce fut le triste pronostic que nous portâmes, M. le Dʳ Séméric et moi. Ce n'était pas sans une profonde douleur que nous y voyions les conséquences d'une sorte de surexcitation cérébrale, suscitée plus par la difficile situation où il s'était placé à l'égard de tous qu'à un surmenage intellectuel. Rapprochons ce fait d'un autre, hélas ! qu'on ne peut oublier. Ce fut au coup terrible que lui porta un indigne disciple que succomba le Maître (1) et non d'un excès de travail, où il trouvait tou-

(1) Un médecin honorable qui n'est pas au courant de ce qui a provoqué l'explosion d'indignation qui a été suivie des désordres cérébraux et viscéraux, auxquels a succombé Auguste Comte, a fait paraître dans la Revue qui s'imprime en rue Monsieur le Prince, un article où il a des paroles flatteuses pour un certain sieur de Blignères, ancien officier d'artillerie, auteur d'un volume où s'inspira l'honorable médecin. Notre confrère ignorait sans doute que c'est ce sieur de Blignères, qui a provoqué l'explosion meurtrière par un ouvrage, où il insulta grossièrement celui qui fut son Maître. Dans une réponse à cet ouvrage, M. Comte voue au mépris de tous et de la postérité cet indigne disciple Une copie de cette réponse existe aux archives positivistes. On ne peut laisser notre honoré confrère responsable de l'article imprimé dans la susdite Revue ; mais ceux qui l'ont laissé passer étaient au courant du déplorable incident. Cela montre avec quelle légèreté, quel manque de respect pour la mémoire de cette grande victime d'un odieux attentat, on procède parmi ceux qui se disent ses continuateurs.

jours au contraire de puissantes satisfactions tant affectives qu'intellectuelles. Nous osons donc le dire, l'unité morale fut troublée chez le malheureux directeur qu'on s'était donné malgré lui, et cela, dès le jour de la mémorable scission. Une merveilleuse théorie cérébrale nous permit d'affirmer que dès ce moment son cœur fut aux prises avec sa vanité blessée. Il en eût peut-être triomphé dirons-nous, si, comme l'a constaté son Maître, il avait été plus largement pourvu de vénération et d'énergie.

Jetons maintenant un coup d'œil sur ce qui se passait en rue Monsieur le Prince, soit pendant la gestion de M. Laffitte, soit lorsque la maladie l'eut obligé à s'en éloigner, après s'être toutefois donné un continuateur. On a pu dire du choix qu'il avait fait, qu'il ne voulut pas être oublié. On administrait des sacrements, en cet appartement devenu sacré ; on y mariait, on y faisait des présentations et cela avec un grand concours d'invités. L'action des lieux est toujours bien puissante. Seule, elle a suffi pour donner une grande solennité à toutes les réunions. N'était-ce pas là l'appartement qu'avait pour ainsi dire sanctifié le Maître. Dans cet appartement se trouvait un siège sur lequel il ne s'asseyait qu'aux jours de grande célébration, on sait pourquoi (1). Les pieux souvenirs, les grandes émotions que devaient éveiller les lieux seuls où elles s'accomplissaient, ont-ils rappelé aux assistants et surtout à celui qui les présidait que la famille positiviste si unie en d'autres temps est aujourd'hui divisée, qu'au dehors il y a de grands dévouements, qu'on s'y consacre avec abnégation à la propagande de la foi com-

---

(1) On a remarqué que rien dans les discours prononcés par M. Laffitte n'a jamais rappelé ce que doit le Positivisme à une sainte collaboration. Si l'éternel amant, dans cette œuvre commune, fournissait les moyens, de sa compagne venait la féconde inspiration.

mune ? Y a-t-il eu le moindre effort pour faire appel à la vieille fraternité, et s'il y a eu des torts, de quelque part qu'ils vinssent, pour les réparer, les effacer ?

L'exécution testamentaire était un terrain qui se prêtait à une action commune. M. Laffitte, nous l'avons vu, jugea à propos de la déclarer close. Il fermait ainsi toutes les portes à un rapprochement. Le volume qui a été publié contre son attente, était de nature à faire réfléchir ceux qui avaient conservé quelque reconnaissance, quelque respect pour la mémoire du Maître. On pouvait espérer que cet épanouissement sentimental, qu'on trouve à chaque page du précieux volume, que le spectacle d'une grande âme, s'associant à tout ce qu'il y a d'élevé, qui se fond en indulgence pour les écarts de ses moindres disciples, que tout cela susciterait, chez ceux qui s'obstinent à s'isoler, d'autres dispositions que celles par lesquelles on répondit à de légitimes revendications.

Une éminente dame, ai-je dit dans le cours de cette exposition, ne pouvait comprendre que des hommes qui avaient marché, si étroitement unis, pendant de longues années, se soient en un seul moment séparés, pour ne plus se rapprocher. Aussi n'hésite-t-elle pas à attribuer cet éloignement à des diversités de nature.

Le prêtre à l'autel, ai-je dit encore, en offrant le divin sacrifice s'identifie avec son créateur. C'est avec l'Humanité tout entière, en son présent, son passé, son avenir que s'identifiait le grand novateur. Cette identification, nous la constatons en lui jusqu'au moment de quitter la vie. Sa vue se porte encore sur tout ce qui pouvait lui rappeler sa sainte compagne, en qui il avait personnifié cette Humanité dont il fut le ministre et le prêtre.

Je ne sais si ceux qui se disent ses continuateurs se sont

élevés à cette identification : elle me paraît nécessaire pour éprouver de saintes émotions et faire de grandes choses.

On a dit de M. Laffitte qu'il avait détruit dans son entourage l'ardeur révolutionnaire, sans la remplacer par l'enthousiasme religieux. Il est un reproche plus grave qu'on a pu lui faire à la fin de sa vie, c'est de l'avoir privé de toute indépendance. C'est cette indépendance que voulut conserver Auguste Comte à tout prix. « Que puis-je faire pour vous, lui dit son vieil ami, M. Vieillard, après le 2 décembre ? Etendre par votre influence le subside sacerdotal, lui répondit le grand novateur, qu'une haute protection pouvait éblouir à l'exemple de tant d'autres. »

M. Laffitte se fait nommer professeur au Collège de France, sous un prétexte spécieux. A sa suite pénètrent dans nos divers ministères tous ses amis. Un prolétaire, avons-nous dit, se laisse décorer. Qu'était devenue cette vieille indépendance de la société positiviste ? Pour neutraliser toute action du dehors, pouvant compromettre cette indépendance, qu'elle vînt d'un savant, d'un lettré, M. Comte avait désigné, avons-nous dit, pour présider la vieille société un noble prolétaire, M. Magnin, un combattant de juin. Auguste Comte m'avait plus d'une fois parlé de son intrépidité. C'était une noble nature que celle de M. Magnin, c'était une des rares natures sacerdotales que j'ai rencontrées autour du Maître. Une vénération poussée bien loin le laissa tomber sous la dépendance de M. Laffitte. L'un était richement pourvu de ce qui manquerait à l'autre. Qu'on ne soit pas surpris de cette admiration qu'avait Auguste Comte pour le prolétaire parisien. Quand en juin le canon et la fusillade grondaient sous ses fenêtres, il écrivait sa confession annuelle, suivant ses habitudes ; il faisait alors des vœux pour le triomphe de la grande cité. Que les prolétaires embrigadés, (c'est ainsi qu'il désignait ceux qu'on appelait la garde mobile), que ces prolétaires passent du côté de leurs frères. Leur triomphe nous eût préservés de tous les maux qui nous assaillent encore. C'est contre le parlementarisme que les hommes d'argent allaient nous imposer que se tournait sa pensée. Il y avait alors à Paris de grandes natures républicaines, souvent éprouvées, qui auraient dirigé le mouvement s'il eût abouti.

Dans la correspondance qui vient d'être imprimée, on verra quel cas il faisait de plusieurs d'entre eux, de celui qui fit de l'ordre avec du désordre, de ce noble Caussidière. Hélas ! trouve-t-on aujourd'hui ces grands sentiments du Maître dans la société qu'il fonda pour fournir des solutions à toutes les questions pendantes, pour renseigner les chefs et les préserver de toute déviation. Dans sa pensée après les mémorables événements de février 48, elle devait conserver une haute destination. Certes ce n'était pas un organe d'opposition qu'il voulait créer. Nourri des grandes idées d'un autre temps, il lui assignait le rôle qu'avait eu la société des Jacobins, avant le triomphe du sanguinaire Robespierre. Elle était destinée à diriger l'opinion, à l'éclairer, à étendre même son action hors de Paris. C'est aussi le rôle qu'elle eut par ses publications avant que l'Empire eût suspendu toute activité civique. Après la guerre, il y avait lieu plus que jamais de la reprendre. M. Laffitte n'y songea pas ; son cours lui paraissait pouvoir suffire à tout. J'ai dit quelle tentative avait été faite en dehors de la société positiviste par ceux qui en avaient été chassés pour reprendre des traditions déjà vieilles parmi nous.

En présence des graves complications qui se produisent de nos jours, tant au dehors qu'au dedans, la société positiviste n'a-t-elle pas encore qualité pour revenir à ces traditions ? Ainsi la liberté spirituelle qui a tant occupé l'esprit du Maître ne devrait-elle pas y avoir des défenseurs ? Il faudrait pour cela une indépendance qui a cessé d'y exister. Ne faut-il pas rattacher à ce manque d'indépendance l'opposition qu'on y fait à l'exécution testamentaire pour rentrer au domicile sacré ? Quoi qu'en ait dit M. Laffitte, elle n'a pas moins une mission à remplir et ne saurait y renoncer. On voit quelles difficultés a créées le prétendu directeur du Positivisme en déclarant le testament clos. Ses propres partisans sont forcés de reconnaître cependant qu'il ne saurait en être ainsi tant que la correspondance ne sera pas imprimée. La rentrée au domicile sacré de ceux qui sont restés fidèles aux grandes traditions ne pourrait que jeter le trouble parmi ceux qui s'efforcent de tout oublier. Doit-on recourir à l'action légale pour y arriver ? L'action légale ! le Maître en maintes occasions n'y a-t-il pas renoncé, préférant un noble recours à l'opinion ? Les lacunes ne rapprochent pas, a-t-il dit ; qui n'aperçoit celles qui existent en un milieu où ne règne plus le sentiment du bien public qui y a jadis régné ? Laissons au temps de faire son œuvre et attendons tout de son action. Les projets qu'on a en vue en ce moment en rue Monsieur le Prince montrent assez qu'on n'y a plus conscience des exigences de la propagande qu'on y veut poursuivre.

M. Laffitte a chargé, par un testament, celui à qui il a légué sa prétendue direction, de constituer ce qu'avait projeté son Maître en divers écrits, le *Comité positif occidental*. La chose a paru bien simple à M. Laffitte, au point qu'il a suffi de la recommander, pour qu'il en crut l'exécution facile. Quel peut être le but d'une pareille institution ? Sous un comité auquel conviendrait la désignation précédente, il appartiendrait, dit le Maître, de placer la réorganisation spirituelle de la grande famille européenne et d'y faire figurer, en certaine proportion, les principaux représentants de cette vieille famille. C'est en 1842 que cette recommandation était faite. Il revient encore à son projet dans le dernier volume de la *Politique positive* et il précise davantage. Je dois maintenant, dit-il, placer son institution après celle de la chevalerie, son office historique ne pouvant être assez apprécié que lorsque le Positivisme central se dirigera surtout au dehors. Ces deux institutions, la chevalerie et le Comité positif, se trouvent spontanément liées puisque le Comité positif émanera des meilleurs chevaliers. En ce qui concerne l'institution chevaleresque, les chevaliers industriels comme leurs prédécesseurs militaires auxquels ils succèdent, pourront préserver, ainsi que ces derniers, de l'oppression qui menacera toujours la faiblesse matérielle, parmi les femmes, les prêtres, les prolétaires. Ils devront pour ces divers services mériter une glorification collective. Pour ceux qui ne sont pas familiers avec la lecture des divers volumes de l'œuvre du Maître, il était bon, croyons-nous, de rappeler à quelles conditions, à quelle destination se trouvait, dans la pensée de l'auteur, subordonnée la constitution du comité positif occidental.

Que penser maintenant de la recommandation que fait M. Laffitte à son successeur d'instituer un tel comité? Si ce comité peut devenir un jour nécessaire, ce ne peut être que lorsque l'extension du Positivisme au dehors le réclamera et qu'une élite se sera constituée, avec des mœurs chevaleresques pour servir au ralliement, sous une impulsion centrale, des divers éléments qui forment notre occidentalité. C'est la rue Monsieur le Prince avec sa composition actuelle qui répondra aux exigences d'une telle situation, en supposant qu'en son sein et au dehors on trouve ces natures d'élites converties aux grandes aspirations chevaleresques que doit préparer la doctrine régénératrice !

M. Laffitte, on le voit, d'après cette dernière recommandation, n'était guère préoccupé du grand caractère sacerdotal du Positivisme, directement subordonné à l'établissement de la liberté spirituelle, qui aurait dû, au moment suprême où il était arrivé, éveiller toutes ses sollicitudes. On retrouve encore ici sa nature toute primesautière.

Comment expliquer, se demande-t-on, l'avortement de cette belle intelligence, désertant en quelque sorte la tradition de son Maître ? Son insuffisante vénération ne peut y suffire. Un triste rapprochement se fait dans les esprits, en rappelant les mémorables paroles sorties, en d'autres temps, de la bouche du grand novateur, sur la tombe de son illustre ami, M. de Blainville. Blainville n'a pas aimé, dit-il, et c'est à cela qu'il rattache ce qu'il appelle son avortement, alors qu'il était, dit-il encore, appelé par sa haute intelligence à s'élever au-dessus de tous. M. Laffitte n'a jamais aimé, dirons-nous, à notre tour, pour expliquer non une défaillance intellectuelle, mais l'absence en lui des grands élans de cœur que réclamait la mission qu'il avait inconsidérément acceptée, sans en avoir mesuré toutes les exigences sentimentales.

Mais encore un mot au malheureux disciple d'Auguste Comte.

Une congestion cérébrale vint le frapper. Déjà dans ses cours au collège de France, avons-nous dit, on s'était aperçu que sa mémoire s'affaiblissait, qu'il avait perdu sa verve ordinaire. Il dut renoncer à ses fonctions de professeur ; il ne parut plus en rue Monsieur le Prince, paralysé en partie des membres inférieurs. Son intelligence paraissait cependant se conserver, sauf quelques absences de mémoire.

Qui n'eût été touché de voir cette belle intelligence s'affaiblir ainsi de jour en jour ? Puisse-t-on comprendre, tout ce qu'il m'a coûté dans le cours de cette exposition pour parler aussi librement que je l'ai fait de celui à qui je fus jadis lié par la plus étroite amitié. Dernier disciple vivant d'un Maître vénéré, n'avais-je pas des devoirs multiples à remplir, ne devais-je pas me faire l'interprète d'une pensée commune, de ceux qui ont disparu, et aussi de quelques-uns qui restent encore ? A la veille de disparaître moi-même ne devais-je pas toute la vérité à la Postérité ?

S'il est de cruelles épreuves dans la vie, il est aussi des devoirs impérieux. J'ai eu des amis qui ont souffert dans une lutte qui a pu parfois atteindre leur mémoire, ne leur devais-je pas quelque chose, au moins une vérité réparatrice ?

Je ne puis encore ici arrêter ma plume. Que ceux qui liront cet écrit n'invoquent ni sentiment lésé, ni prescription légale, comme ils l'ont fait, pour interdire à l'exécution testamentaire sa rentrée au saint domicile. Qu'ils se souviennent que le disciple qui écrit tient son investiture du Maître lui-même. Si, à son exemple, il renonce à toute intervention légale, pour faire prévaloir de suprêmes volontés, il n'a pas moins accepté à l'égard de tous de grands devoirs. Qu'on parcoure la correspondance qui vient d'être imprimée et l'on verra s'il peut manquer à la confiance dont il fut honoré. C'est au disciple aimé du Maître qu'on écrit : « Je tiens les clés de l'appartement (pour moi devenu sacré), on vous l'ouvrira si vous vous y présentez ». Quel est celui qui tient ce langage ? Je ne m'y présenterai pas. Un pied dans la tombe, je me condamne à ne plus voir les lieux où un Maître expirant me tendit pour la dernière fois une main défaillante, que je ne devais plus serrer. Ceux qui vivront verront sans doute des jours meilleurs. Il n'est guère probable qu'ils se lèvent avant qu'on soit revenu à la belle constitution républicaine si instamment recommandée, en d'autres temps, par le Maître. Jusqu'alors durera probablement la cruelle déviation à laquelle fut entraîné le Positivisme. Cette déviation, nous l'avons qualifiée d'intellectuelle ; elle ne pouvait atteindre l'unité du dogme, qui est écrit, et auquel on reviendra toujours ; mais elle a compromis toute unité d'action.

Le caractère religieux de la grande doctrine a ainsi, sinon totalement, mais en grande partie disparu. On a continué à parler religion, mais la sentimentalité religieuse, qu'on retrouve dans les moindres écrits du Maître, n'existait pas plus chez les fidèles au chef qu'on a suivi que chez lui-même. Sa puissante personnalité a pesé sur tous. Elle fut, en quelque sorte, consacrée par la présidence de l'exécution testamentaire que lui accorda son Maître, bien qu'il ne comprit pas à quel honneur il avait été élevé puisqu'il l'a décliné plus tard. Cette persistante personnalité fut accrue davantage par l'action des lieux. La possession de l'appartement, sanctifié par tant de souvenirs qui s'y rattachaient, a entretenu à cet égard dans les esprits bien des illusions. On pouvait se croire dans la pensée du Maître avec son premier disciple, en se sentant au siège d'un grand phénomène.

Si le dogme ne pouvait être altéré par la déviation mentale que nous avons des premiers signalée, l'unité d'action, avons-nous dit, a été gravement compromise par elle, et c'est ce qu'il y a de plus regrettable. Cependant le but à atteindre a été bien nettement indiqué. M. Laffitte a plaisanté des projets de ligue religieuse de son Maître, il ne faudra pas moins en venir là. Plus que jamais le débordement anarchique que nous traversons la réclame. D'un côté les disciplinés, de l'autre les indisciplinés. A qui recommandait-il à ses disciples de s'adresser de préférence ? aux premiers, les autres lui avaient toujours fait défaut ou s'étaient montrés hostiles. Si la surface du globe nous présente encore à l'heure actuelle, comme son passé, une multiplicité de formes religieuses, l'une d'elles, reconnaissons-le, s'est mieux inspirée de la connaissance de la nature humaine et des exigences des antécédents. Elle a noblement posé le grand problème à résoudre; c'est sous son véritable jour qu'il l'a été, en donnant au cœur une légitime prépondérance sur l'esprit. C'est dans son sein que le grand novateur se félicitait d'être né et c'est de ce côté qu'il nous engageait à porter nos efforts. C'est comme continuateurs des vrais catholiques qu'il invitait ses disciples à se donner. La liberté spirituelle dont on commence communément à comprendre la nécessité, pour amener le calme dans les esprits, s'impose désormais. Nous l'avons dit, en cela d'accord avec un judicieux ministre, les dangers que présente pour la forme républicaine l'hostilité de certaines associations, résultent de la constitution, à tant d'égards défectueuse, que nous impose encore une métaphysique décevante. Cette hostilité cessera dès qu'un parlementarisme oppressif aura cessé de troubler les esprits et de compromettre des intérêts respectables. En attendant, que le Positivisme, qui est désormais dans tous les esprits, que cette doctrine d'ordre et de progrès, reprenne sa salutaire propagande, celle qu'inaugura un Maître vénéré ; qu'elle revienne à sa mission de conciliation et d'édification, tant morale qu'intellectuelle, qu'elle reprenne en un mot les grandes traditions délaissées si malheureusement par celui qu'on a présenté comme le continuateur du grand novateur.

Docteur AUDIFFRENT

Le dernier des exécuteurs testamentaires
d'Auguste Comte, ayant reçu de lui son investiture

Marseille, 89, rue Breteuil.

www.ingramcontent.com/pod-product-compliance
Lightning Source LLC
Chambersburg PA
CBHW062012070426
42451CB00008BA/655